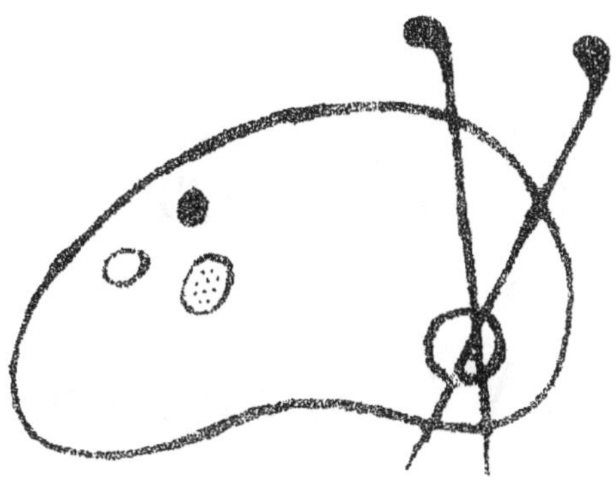

Début d'une série de documents
en couleur

GRANDIDIER LITURGISTE

AVEC

LE PLUS ANCIEN CALENDRIER

DE

L'ÉGLISE DE STRASBOURG

ET

TROIS LETTRES DE M. AHLFELD A M. LIBLIN

PAR

A. M. P. INGOLD

PARIS

A. PICARD & FILS

rue Bonaparte, 82

COLMAR

H. HUFFEL

Place neuve, 8

1904

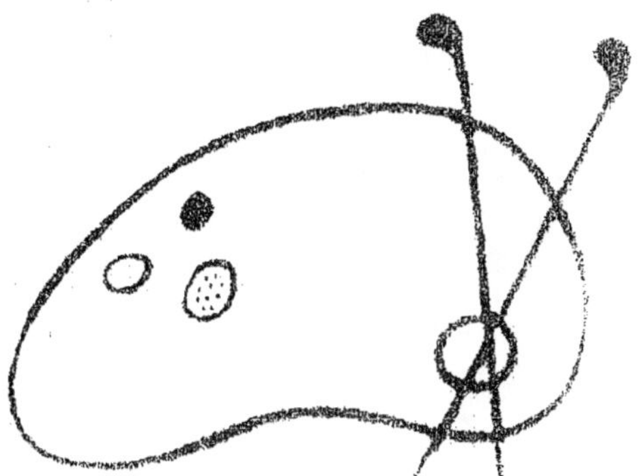

Fin d'une série de documents
en couleur

[illegible handwritten annotation]

L'Abbé GRANDIDIER

GRANDIDIER LITURGISTE

AVEC

LE PLUS ANCIEN CALENDRIER

DE

L'ÉGLISE DE STRASBOURG

ET

TROIS LETTRES DE M. AHLFELD A M. LIBLIN

PAR

A. M. P. INGOLD

PARIS	COLMAR
A. PICARD & FILS	H. HUFFEL
rue Bonaparte, 82	Place neuve, 8

1904

RIXHEIM. — IMPRIMERIE F. SUTTER & CIE

GRANDIDIER LITURGISTE [1]

A plusieurs reprises, — ses œuvres et sa correspondance en font foi [2]. — Grandidier s'occupa de questions liturgiques et spécialement des anciens bréviaires. Pour tout historien digne de ce nom. cette partie des sciences ecclésiastiques est l'une des plus importantes. Or le célèbre archiviste du diocèse de Strasbourg, j'hésite moins que jamais [3] à le redire, ne peut-il pas être considéré comme le modèle de l'historien? il ne pouvait donc pas se désintéresser de l'étude des monuments liturgiques de l'Eglise d'Alsace et spécialement de tout ce qui concerne les anciens calendriers et bréviaires de Strasbourg.

On savait que parmi les manuscrits de Grandidier conservés à la bibliothèque de Strasbourg et si malheureusement détruits par les obus ennemis en septembre 1870 [4], se trouvaient trois cartons contenant

---

1) En tête de cet article nous pouvons donner, grâce à une obligeante communication de M. P. Bucher, directeur de la *Revue alsacienne illustrée*, un portrait de Grandidier qui a paru pour la première fois dans cette excellente revue et est aujourd'hui conservé au *Musée alsacien* de Strasbourg.

2) Cfr. notamment *Histoire de l'Eglise de Strasbourg*, I, p. 139; II, p. VII et VIII, et, dans la collection des *Correspondants de Grandidier* : *Dom Berthod*, p. 5 et seq ; *Gerbert*, p. 15, 31 ; *Boudon de S.-Amand*, p. 9, etc..., etc...

3) Après l'article de M. Reuss dans la *Revue historique* et les toutes récentes observations de M. Hanauer dans la *Revue d'Alsace*. Mais les adversaires de Grandidier en ont-ils compris, malgré leur science, toute la judicieuse finesse? il est permis d'en douter.

4) Cfr. *Nouv. Œuvres inédites de Grandidier*, I, p. 65.

en cinquante cahiers, les recherches de notre historien sur l'ancienne liturgie de Strasbourg. Ces pré
cieux travaux passaient pour irrémédiablement perdus.
Il n'en est rien fort heureusement. Si les autographes
ont disparu, comme on vient de le rappeler, du moins
la copie d'une notable partie d'entre eux a été con-
servée. Cette copie, faite par M. le chanoine Métrot,
curé de Saint-Pierre-le-Vieux [1]. et passée ensuite dans
la bibliothèque de M. Ahlfeld [2]), son successeur, est
actuellement en la possession de Mgr. Marbach qui a
bien voulu me la communiquer.

Cette copie forme un volume in-12, très compact,
partagé en trois tomes de 110, 117 et 130 pages.
M. Métrot a mis en tête ce titre : *Recherches et notes
qui paraissent avoir dû servir à la composition d'un
nouveau bréviaire*, et tout à la fin : *Absolutum die
19 julii 1831.*

L'ordre adopté pour cette copie, est-il conforme à
celui des manuscrits de Grandidier ? Il est permis d'en
douter : plusieurs cahiers ont été évidemment inter-
vertis, comme on s'en rendra bien compte par l'ana-
lyse que nous allons donner de ce précieux volume.
Nous en publierons de plus les morceaux les plus

1) Cfr. *Nouv. Œuvres inéd. de Grandidier*, I. p. VII ; II, p. XI.

2) Dans une curieuse correspondance de M. Ahlfeld avec un char-
treux de Bosserville, originaire de Strasbourg, Dom Léon de Saint-
Venant, celui-ci félicite le curé de Saint-Pierre-le-Vieux, de posséder le
Specimen de Grandidier. « Quand je vous offrais des hymnes, j'ignorais
absolument que le *Specimen* de Grandidier eut survécu à la Révolution
et qu'il en contint pour les principaux saints du diocèse. Je vous en
félicite. Celles que j'aurais pu vous offrir n'ont pas été composées pour
eux ; mais à défaut de propres, elles auraient pu leur convenir et leur
être appropriées. Mais des pièces composées *ad hoc* valent bien mieux,
surtout quand elles sont très belles, comme je n'ai nulle peine à le
croire ». Hélas ! notre *Proprium Argentinense* ne contient pas une seule
hymne propre ! — Cette correspondance liturgique de M. Ahlfeld m'a
été communiquée par mon excellent ami M. Delsor. Je compte l'utiliser
tôt ou tard.

Les lettres de M. Ahlfeld à M. Liblin que nous publions aujour-
d'hui à la suite de cet article appartiennent aux Archives de la *Revue
d'Alsace.*

importants, notamment *le plus ancien calendrier connu
de l'Eglise de Strasbourg.*

I.

Le manuscrit commence par le *Specimen novi bre-
viarii Argentinensis.* C'est, à peu de chose près, ce
que Grandidier a publié dans le deuxième tome des
pièces justificatives de son *Histoire de la province
d'Alsace* [1]).

Vient ensuite la *Divisio psalmorum.* Cette division,
imaginée par Grandidier, en vaut une autre. Elle a en
tous cas l'avantage sur celle du bréviaire romain-
d'être moins monotone : comme dans les bréviaires du
XVIIIe siècle, le psautier *entier* est récité chaque semaine,
tandis que dans celui de Rome les mêmes psaumes
sont répétés jusqu'à satiété et quelques-uns des plus
beaux toujours omis.

Le troisième morceau est intitulé : *Observations sur
le bréviaire.* Elles sont tirées de divers auteurs, tant
anciens que modernes. Voici comment Grandidier les
termine (p. 17) : « Comme il est digne de la majesté
de Dieu de n'employer pour le louer d'autres paroles
que celles qu'il a bien voulu nous apprendre lui-même,
les antiennes, les répons et versets doivent tous être
tirés de l'Ecriture Sainte. Ils doivent également faire
sentir partout le rapport qui se trouve entre l'Ancien
et le Nouveau Testament. Les premières ou répons
contiennent la prophétie ; les autres antiennes et le

---

1) Et que j'ai réimprimé en 1896. Comme dans la plupart des
bréviaires gallicans, « et c'était là leur côté le plus curieux..., les différentes périodes de l'année liturgique constituaient un enseignement suivi,
et l'office de chaque fête offrait le développement d'une idée : antiennes,
hymnes, leçons, tout convergeait vers ce but ; des premières vêpres et
des matines aux laudes et aux heures du jour, l'Ancien et le Nouveau
Testament se répondaient ; et, pour que nul n'en ignorât, une courte
maxime le rappelait en temps opportun ». MARTIN, *Histoire des diocèses de Toul, Saint-Dié et Nancy*, II, p. 540. Ce que dit là le savant
auteur s'applique tout à fait au bréviaire composé par Grandidier.

verset ou seconde partie des répons l'accomplissement de cette même prophétie ; ce qui fera sentir cette grande vérité, que saint Paul nous a apprise, que tout ce qui arrivait aux Juifs n'était qu'une figure de ce qui devait s'accomplir sous la loi nouvelle ».

Les *Lectiones pro quolibet festo Apostolorum* ne nous arrêteront pas, mais par contre la pièce suivante mérite d'être reproduite ici intégralement : ce n'est ni plus ni moins en effet que *le plus ancien calendrier connu de l'Eglise de Strasbourg*, celui dont Grandidier parle à plusieurs reprises [1]), et qui est, comme il dit, « du commencement de l'onzième siècle » [2]).

Calendarium distinctum per Kalendas, nonas et idus, a Januario ad Augustum [3]).

MENSIS JANUARIUS.
Habet dies XXXI. Luna XXX.

A. Kalend. Januarii. Prima dies jam qua circumciditur Agnus.

B. IIII Nonas. Octava S. Stephani.

C. III Nonas. Octava S. Johannis. (*Nota*. Manus recentior addidit : Genovefæ).

D. II Nonas. Octava Innocentium.

E. Nonas. Vigilia Epiphaniæ.

F. VIII Idus. Epiphania Domini et S. Juliani.

G. VII Idus.

A. VI Idus.

B. V Idus. Grimino cantor obiit.

C. IV Idus. Pauli heremitæ.

D. III Idus.

E. II Idus.

F. Idus. Octava Epiphaniæ.

G. XVIII Kal. Feb. S. Felicis confessoris.

A. XVIII Kal.

B. XVII Kal. Marcelli Papæ.

C. XVI Kal.

---

1) Cfr. notamment *Œuvres inédites* (Liblin), I, p. 422.

2) M. Liblin a publié ici-même, en 1891, également d'après les manuscrits de Grandidier, deux autres calendriers de Strasbourg, l'un fort ancien aussi et de la fin du XI° siècle, puisque le décès de S. Léon IX y est mentionné ; l'autre du XIII° siècle, d'après Dom de Dartein. Notre docte compatriote bénédictin, si compétent en la matière comme l'on sait, et dont les travaux sur notre ancienne liturgie verront enfin bientôt le jour, m'a confirmé par une lettre récente que le calendrier qu'on va lire est bien inédit.

3) Ce titre est probablement de M. Métrot.

D. XV Kal. Priscæ Virginis.
E. XIII Kal.
F. XIII Fabiani et Sebastiani martyrum.
G. XII S. Agnetis martyris.
A. XI Kal. Vincentii martyris.
B. X Kal. Emerentianæ virginis.
C. VIII Kal. Thimothei apostoli et Babillæ.
D. VIII Kal. Conversio S. Pauli.
E. VII Kal.
F. VI Kal.
G. V Kal. Octava Agnetis.
A. IIII Kal. Valerii episcopi.
B. III Kal. Sancte Aldegundis.
C. II Kal.

FEBRUARIS.

Habet dies XXVIII. Luna XXIX.

D. Kal. Febr. Natalis Brigidæ et Polycarpis martyris.
E. IIII Non. Oblatio Christi ad templum.
F. III Non. Blasii martyris.
G. II Non. Gelasii papæ.
A. Nonas. Nativitatis Agathe virginis.
B. VIII Idus. Vedasti confessoris.
C. VII Idus.
D. VI Idus.
E. V Idus.
F. IIII Idus. Scolastice. Gertrudis
G. III Idus.
A. II Idus.
B. Idus Februarii.
C. XVI Kalend. Marcii. Valentini martyris. Vitalis. Feliculæ.
D. XV Kal.
E. XIIII Kal. Juliane Virginis.
F. XIII Kal.
G. XII Kal.
A. XI Kal.
B. X Kal.
C. VIIII Kal.

D. VIII Kal. Cathedra. S. Petri Apostoli.
E. VII Kal.
F. VI Kal. Mathiæ apostoli.
G. V Kal.
A. IIII Kal. Fortunati episcopi.
B. III Kal.
C. II Kal.

MARTIUS.

Habet dies XXXI. Luna XXX.

D. Kal. Martii. Albini confessoris et Donati martyris.
E. VI Non.
F. V Non.
G. IV Non. Adriani martyris.
A. III Non.
B. II Non.
C. Nonas. Perpetue et Felicitatis.
D. VIII Idus.
E. VII Idus.
F. VI Idus.
G. V Idus.
A. IIII Idus Gregorii Pape.
B. III Idus.
C. II Idus.
D. Idus.
E. XVII Kal. Aprilis.
F. XVI Kal. Patricii confessoris.
G. XV Kal.
A. XIIII Kal.
B. XIII Kal.
C. XII. S. Benedicti confessoris.
D. XI Kal.
E. X Kal.
F. VIIII Kal.
G. VIII. Annontiatio sancte Marie.
A. VII Kal.
B. VI Kal. Resurrectio Domini.
C. V Kal.
D. IIII Kal.
E. III Victoris martyris.
F. II Kal.

APRILIS.

Habet dies XXX. Luna XXVIII.

G. Kalendis Aprilis. Quintini et Agappiti martyris.
A. IIII Non.
B. III Non.
C. II Non. Ambrosii confessoris.
D. Nonas.
E. VIII Idus.
F. VII Idus.
G. VI Idus.
A. V Idus. Anno Decanus obiit.
B. IIII Idus.
C. III Idus.
D. II Idus. Baltramnus Episcopus obiit.
E. Idus. Eufemiæ Virginis.
F. XVIII Kal. Maii. Tiburtii et Valeriani.
G. XVII Kal. Ruothard Episcopus obiit.
A. XVI Kal.
B. XV Kal.
C. XIIII Kal.
D. XIII Kal.
E. XII Kal.
F. XI Kal. Acimo Decanus obiit.
G. X Kal. Georgii Martyris. Manegolt Cantor obiit.
A. VIIII. Kal.
B. VIII Kal.
C. VII. Kal. Marci Evangelistæ.
D. VI Kal. Drutperti Confessoris
E. V Kal.
F. IIII Kal. Vitalis Martyris.
G. III Kal.
A. II Kal.

MAIUS.

Habet dies XXXI. Luna XXX.

B. Kalend. Maii. Philippi et Jacobi. Sce. Waltburgis.

C. VI Non. Aldericus Prepositus obiit.
D. V Non. Alexandri, Eventii, Theodoli. Inventio Crucis.
E. IIII Non. Ordinatio Verenharii Episcopi.
F. III Non.
G. II Non.
A. Nonas.
B. VIII Idus. Victoris Martyris.
C. VII Idus.
D. VI Idus. Gordiani, Epimachi et Sophiæ Virginis.
E. V Idus. Gangolfi Martyris.
F. IIII Idus. Nerei, Achillei, Pancratii.
G. III Idus.
A. II Idus.
B. Idus. Anno Prepositus obiit.
C. XVII Kal.
D. XVI Kal.
E. XV Kal.
F. XIIII Kal. Sancte Potentiane Virginis.
G. XIII Kal.
A. XII Kal.
B. XI Kal. Sancte Helene.
C. X Kal. Desiderii Martyris.
D. XIIII Kal.
E. VIII Kal. Sancti Urbani Pape.
F. VII Kal. Sanct Augustini Episcopi.
G. VI Kal.
A. V Kal. Germani Confessoris.
B. IIII Kal. Maximini Confessoris.
C. III Kal.
D. II Kal. Petronelle Virginis.

JUNIUS.

E. Kalendis Junii. Nicomedis Martyris.
F. IIII Non. Marcellini et Petri Martyrum.
G. III Non. Hierasmi Martyris.
A. II Non. Cirini.

B. Nonas. Sanctorum Bonefacii, sociorumque ejus.
C. VIII Idus.
D. VII Idus.
E. VI Idus. Medardi Confessoris.
F. V Idus. Primi et Feliciani.
G. IIII Idus.
A. III Idus. S. Barnabe Apostoli.
B. II Idus. Basilidus, Cleini, et Nazarii.
C. Idus.
D. XVIII Kal. Julii. Valerii, Rufini.
E. XVII Kal. Viti, Modesti, Crescentiæ Martyrum.
F. XVI Kal. Aurei et Justini.
G. XV Kal.
A. XVIIII Kal. Marci et Marcelliani Martyrum.
B. XIII Kal. Gervasii et Protasii Martyrum.
C. XII Kal.
D. XI Kal. Albani Martyris.
E. X Kal. Jacobi, Apostoli Alphei, et S. Paulini Confessoris.
F. VIIII Kal. Vigilia Sti Johannis Baptiste.
G. VIII Kal. Natalis Sti Johannis Baptiste.
A. VII Kal.
B. VI Kal. Johannis et Pauli Martyrum.
C. V Kal.
D. IIII Kal. Leonis Pape, Vigilia Apostolorum.
E. III Kal. Natalis Apostolorum Petri et Pauli.
F. II Kal. Natalis Sti Pauli Apostoli.

JULIUS.

G. Kal. Julii. Octava S. Johannis Baptista.
A. VI Non. Processi et Martiniani.
B. V Non.

C. IIII Non. Udalrici Confessoris.
D. III Non.
E. II Nonas. Octava Apostolorum.
F. Nonas. Willibaldi Confessoris.
G. VIII Idus. Chiliani sociorumque ejus.
A. VII Idus.
B. VI Idus. Natalis VII fratrum filiorum Ste Felicitatis.
C. V Idus. Depositio Sti Benedicti Abbatis.
D. IIII Idus.
E. III Idus.
F. II Idus.
G. Idus. Margarete Martyris. Widerold Episcopus obiit.
A. XVII Kal. Augusti.
B. XVI Kal.
C. XV Kal.
D. XIIII Kal.
E. XIII Kal.
F. XII Kal. Arbogasti Confessoris. Praxedis Virginis.
G. XI Kal.
A. X Kal. Apollinaris Martyris
B. VIIII Kal. Christine Virginis.
C. VIII Kal. Jacobi Apostoli, Christofori, Glodesinde Virg.
D. VII Kal.
E. VI Kal.
F. V Kal. Pantaleonis Martyris.
G. IIII Kal. Felicis, Simplicii, Faustini et Beatricis.
A. III Kal. Abdon et Sennen Martyrum.
B. II Kal. Germani Confessoris.

AUGUSTUS.

C. Kalendis Augusti. S. Petri ad Vincula, VII fratrum Machabeorum.

D. IIII Non. Aug. Stephani Pape et Martyris.
E. III Non. Inventio S. Stephanis Protomartyris.
F. II Non.
G. Nonas.
A. VIII Idus. Sixti, Felicissimi et Agapiti.
B. VII Idus. Afre Virginis et Donati Martyris.
C. VI Idus. Ciciaci Martyris.
D. V Idus. Vigilia S. Laurentii.
E. IIII Idus. Natalis S. Laurentii.
F. III Idus. Tiburtii Martyris et Susannæ Virginis.
G. II Idus.
A. Idus. S. Yppoliti Martyris.
B. XVIIII Kal. Sept. Eusebii Confessoris. Vigilia S. Marie.
C. XVIII Kal. Assumptio S. Marie.
D. XVII Kal. Arnulfi Confessoris.
E. XVI Kal. Octava S. Laurentii.

F. XV Kal. Agapiti Martyris.
G. XIIII Kal. Magni Martyris.
A. XIII Kal.
B. XII Kal. Privati Martyris.
C. XI Kal. Thimothei et Simphorini.
D. X Kal. Vigilia Bartholomei Apostoli.
E VIIII Kal. Bartholomei Apostoli.
F. VIII Kal. Genesii et Eusebii.
G. VII Kal. Alexandri Martyris, Irenei, Abundi.
A. VI Kal. Rufi Martyris.
B. V Kal. Hermetis Martyris, Augustini, Pelagii.
C. IIII Kal. Decollatio S. Johannis Baptiste.
D. III Kal. Felicis et Adaucti Martyris.
E. II Kal. Paulini Confessoris.

Manquent malheureusement les quatre derniers mois de l'année.

II.

A la suite de cet ancien calendrier, le manuscrit contient, p. 23 et 27, accompagnés d'intéressantes notes historiques, tirées en partie d'un manuscrit de Hornbach, deux projets de calendriers pour l'Eglise de Strasbourg. L'un et l'autre sont incomplets. Nous trouverons plus loin le projet définitif et entier de Grandidier.

Le cahier suivant contient quelques hymnes et oraisons. Remarquons les hymnes en l'honneur de SS. Materne, Amand, Léon IX [1]. Puis viennent une

---

[1] Celles de S. Materne et de S. Léon sont imitées de Santeuil. Celle de S. Amand : *Audi preces, nunc supplices*, n'est point mentionnée dans le *Repertorium hymnologicum* de M. U. Chevalier.

dizaine de pages intitulées : *Series titulorum sub quibus ordinandi sunt canones conciliorum in breviario distribuendi* ; et après un nouveau projet du calendrier encore in complet, *mancum et cui non perstitit*, comme dit M. Métrot, le projet définitif de Grandidier dont nous allons reproduire le premier mois, et pour les suivants, seulement les saints du Propre de Strasbourg.

CALENDARIUM DIŒCESIS ARGENTINENSIS

NB. In sequenti calendario notatur tempus quo quique sanctus obiit. *An.* significat anno ; *C. an.*, circa annum ; *S.*, sæculo. Quibus nihil apponitur, plane ignoratur tempus eorum mortis.
Propria Argentinensia asterico, sive * designantur.

Januarius.

1. Circumcisio Domini N. JESU CHRISTI et festum SS. ejusdem Nominis, necnon octava Natalis ejus. *Duplex prima classis, solemne minus.* — Festum Circumcisionis ante seculum VI cæpit celebra-i. Festivitatis SS. Nominis originem dedit S. Bernardinus Senensis. Facultatem concessit Clemens VII papa.

2. Octava S. Stephani protomartyris. *Duplex.* Commem. S. Fulgentis episcopi Auspensis in Africa, atque Christi confessoris in persecutione Ariana (1 januarii 533) necnon octava S. Johannis.

3. Octava S. Johannis apostoli et evangelistæ. *Duplex.* Comm. S. Genovefæ, virginis Parisiensis, anno 512.

4. S. Titi, discipuli S. Pauli ac Cretensis episcopi, c. a. 105. *Semiduplex.* Comm. E. Eduardi, confessoris, regis Angliæ, an. 1066.

5. Vigilia Epiphaniæ Domini N. JESU CHRISTI. *Semiduplex.* Comm. S. Simeonis stylitæ, anachoretæ, prope Antiochiam. Circ. an. 416.

6. Epiphania D. N. JESU CHRISTI et ejusdem gentibus manifestatio. *Duplex 1 classis. Solemne majus.*

7. De octava Epiphaniæ. *Semiduplex.* Comm. S. Luciani presbyteri Antiocheni atque martyris Nicomediæ, an. 312;

S. Raymundi a Pennafort, presbyteri, generalis ordinis S. Dominici. (6 janv. 1276) necnon S. Andreæ Corsini, carmelitæ et episcopi Fesulensis (6 janv. 1373).

* 8. S. Erhardi, episcopi in Bavaria, VIII sæculo. *Semiduplex*. Com. Octavæ Epiphaniæ et S. Laurentii Justiniani, primi patriarchæ Venetiarum, an. 1455.

9. De octava Epiphaniæ. *Semiduplex*.

10. S. Pauli, heremitæ in Thebaide, c. an. 341. *Semiduplex*. Comm. Octavæ.

11. De Octava Epiphaniæ. *Semiduplex*.

12. De Octava Epiphaniæ. *Semiduplex*.

13. Octava Epiphaniæ et Baptismus D. N. Jesu-Christi. *Duplex majus*.

14. S. Hilarii, Pictaviensis episcopi et ecclesiæ doctoris, o. 13. Jan. v. 368. *Duplex*. Com. S. Felicis, presbyteri Nolani et confessoris Christi, c. an. 265.

15. S. Mauri, abbatis Glannofolensis in Andegavia, circa finem sæculi VI. *Simplex*.

16. S. Marcelli, papæ et confessoris Christi, c. 310. *Simplex*.

17. S. Antonii, abbatis Ægyptii ac institoris ordinis monastici, a. 356. *Semiduplex*.

18. Pontificatus, sive Cathedra S. Petri Apostoli qua primum Antiochiæ tum Romæ sedit. *Duplex majus*. * Com. S. Deicoli abbatis Lutrensis in comitatu Burgundiæ, a. 625.

19.

20. S. Sebastiani, martyris romani, c. a. 288. *Semiduplex*. Comm. S. Fabiani, papæ et martyris, c. an. 250.

21. S. Agnetis, virginis et martyris romanæ, v. 304. *Semiduplex*. * Comm. S. Meginradi, primi heremitæ Ensidlensis, c. 863.

22. S. Vincentii diaconi et martyris, Valentiæ in Hispania, v. 304. *Semiduplex*.

23.

24. S. Timothei, discipuli S. Pauli, episcopi Ephesini ac martyris, v. a. 97. *Duplex*. Comm. S. Babylæ, episcopi Antiocheni ac martyris, circa a. 251.

25. Conversio S. Pauli, apostoli, circa an. 94. *Duplex majus*. — Commemoratio * S. Popponis, abbati Stabulensis, an. 1048.

* 26. SS. Præjecti episcopi Claromontani et Amarini, abbatis Claroangi, martyrum in Sundgovia, c. an. 773 in heri. *Semiduplex.* Comm. S. Paulæ, viduæ Romanæ, an. 404.

27. S. Joannis Chrysostomi, episcopi Constantinopolitani et doctoris Ecclesiæ. *Duplex.* (Hæc est dies translationis ejus factæ a. 438 Constantinopolim, cum obierit 14 septemb. 407.

28. S. Cyrilli, episcopi Alexandrini et doctoris Ecclesiæ, an. 444. *Semiduplex.*

* 29. S. Valerii, secundi episcopi Trevirensis ac Apostoli Alsatiæ, ineunte sæculo IV. *Duplex majus.*

30. S. Francisci Salesi, episcopi Genevensis. *Duplex.* (Hæc est dies qua corpus ejus Lugduno translatum fuit Aniceium; obiit enim 28 decembris 1622). Comm. S. Bathildis, reginæ Francorum, viduæ Chodovei II, c. an. 680.

31. S. Petri Nolasci, institutoris ordinis de Mercede pro redemptione captivorum. (Obiit 25 decemb. 1256). *Simplex.*

Nota I. Feria 6ª post dominicam secundam Epiphaniæ, celebratur Festum SS. Cordis D. N. J. C. *Duplex II classis.* Hoc festum per totam Galliam celebrandum in publicis suis an. 1765 et 1766 conventibus statuerunt episcopi Gallicanæ Ecclesiæ.

Nota II. Dominica Septuagesimæ potest occurrere a 19 januarii ad 21 februarii; Sexagesima a 29 januarii ad 28 februarii.

Pour les mois suivants, nous ne donnerons plus que les Saints du Propre de Strasbourg, comme nous l'avons dit plus haut.

Februarius.

* 1. S. Sigeberti, Austrasiæ regis, an. 656. *Duplex.* Comm. S. Brigittæ, abbatissæ Kildariensis in Hibernia, ineunte sæculo VI.

* 6. S. Amandi, episcopi Argentinensis, dein Trajectensis, an. 684. *Duplex II classis.* Comm. S. Vedasti, Atrebatensis episcopi, c. an. 539.

* 11. S. Benedicti abbatis Ananiæ in Occitania et Mauri-monasterii in Alsatia, an. 821, *Duplex.*

* 12. S. Ludani Scoti ac peregrini in diœcesi Argentinensi, an. 1212. *Duplex majus.* Comm. S. Eulaliæ, virginis
et martyris Barcinonensis, an. 304.

14. S. Valentini, presbyteri et martyris, III sæculo.
Simplex.

* 21. S. Germani, abbatis Grandisvallensis, et Randoaldi,
martyrum, an. 662. *Simplex.* Comm. S. Guntildis, virginis
et abbatisse primæ monasterii Biblisheim, an. 1131.

* 25. S. Walburgis, virginis et abbatissæ, v. an. 780.
Simplex. Comm. S. Leobardi, primi abbatis Maurimonasterii,
v. 618

* 27. B. Joannis, abbatis Gorziensis, an. 973. *Simplex.*

* 28. B. Victoris, solitarii apud Hochfelden in diœcesi
Argentinensi, v. 986. *Simplex.*

Martius.

* 1. S. Gundelberti, Senonensis episcopi, circa finem sæculi VII. *Simplex.*

* 3. ·S. Cunegundis, virginis et imperatricis, an 1040.
Semiduplex.

* 5. S. Fridolini, abbatis Seckingæ. Obiit die 6 martis
v. 535. *Duplex.*

* 6. S. Chrodogangi, episcopi Metensis, an. 766. *Duplex.*

16. S. Heriberti, Coloniens. episcopi, an. 1021. *Simplex.*

21. S. Benedicti... etc... Com. S. Roberti, abbatis Molis-
mensis, institutoris ordinis Cisterciensis, an. 1108.

29. S. Eustasii, abbatis Luxoviensis, an. 625. *Simplex.*

Aprilis.

* 15. Beatæ Hunnæ, viduæ in Alsatia, VII sæculo. *Semiduplex.* Hanc hodie an. 1520 in Sanctarum numerum retulit
Leo X.

* 19. S. Leonis IX, Papæ, an. 1054. *Duplex II classis.*

23. S. Gerardi, Tullensis episcopi, an. 994. *Simplex.*

24. Commemoratio S. Fidelis a Sigmaringa in Suevia.
martyris ordinis Capucinorum, an. 1622.

* 26. Comm. S. Trudperti, heremitæ et martyris in
Brisgoia.

28. S. Hugonis, abbatis Cluniacensis, an. 1109. *Simplex.*

* 29. S. Joannis Nepomuceni... Comm. B. Theotgeri,
Metensis episcopi, an. 1120.

28. Beati Adalberonis, episcopi Augustani, primi advocati
abbatiæ Andlaviensis, an. 995.

Maius.

* 1. SS. Philippi et Jacobi... Comm. S. Sigismundi, regis
Burgundiæ, an. 524.

2. S. Athanasii... Comm. S. Valdeberti, abbatis Luxoviensis, sæculo VIII.

* 3. Inventio S. Crucis... Com. S. Petri Tarentasiensis
episcopi, an. 1157.

7. S. Domitillæ... Com. translationis SS. Celestis et Auctoris, episc. Metensium, an. 830.

* 10. Translatio corporum SS. Sophiæ et filiarum ejus
Fidei, Spei et Charitatis (quæ passæ sunt Romæ Augusti,
facta hac die an. 777 in Alsatiam. *Simplex.*

11. S. Majoli, abbatis Cluniacensis, an. 994. *Simpl.*
Comm. S. Mamerti, episcopi Viennensis, c. an. 476.

* 23. S. Fidelis heremitæ et archidiaconi Argentinensis,
V. sæculo, *Simplex.*

25. Anniversarium dedicationis ecclesiæ cathedralis Argentinensis an. 1277, sub episcopo Conrado de Lichtemberg.
Duplex II classis.

Nota 5. Die octava SS. Corporis Christi fit festum Sacerdotii D. N. J. C. *Duplex I classis, solemne minus.*

Junius.

* 3. S. Morandi, abbatis ordinis Cluniacensis in Alsatia,
an. 1115. *Semiduplex.*

* 5. S. Bonifacii episcopi Moguntini, an. 755. *Duplex.*
Comm. S. Meinwerci, Paderbornensis episcopi, sæc. XI.

6. S. Norberti... Comm. S. Claudii episcopi Bisuntini,
an. 581.

* 19. S. Deodati, episcopi Nivernensis ac monachi in
Vosago Alsatiensi, an. 713. *Duplex majus.*

* 28. S. Irenæi, episcopi Lugdunensis ac martyris, atque christianæ in Alsatia religionis propagatoris, c. an. 202. *Duplex majus.*

Julius.

* 4. S. Udalrici episcopi Augustani, 973. *Duplex.* Comm. S. Berthæ, viduæ, primæ abbatissæ Blangiacensis, et B. Wilhelmi, abbatis Hirsaugiensis.

7. B. Petri Forerii reformatoris Congregationis Canonicor. regularium, an. 1640. *Simplex.*

* 10. Septem fratrum.... Comm. S. Uldarici, monachi Cluniacensis Brisiaci, an. 1093.

* 11. S. Hidulphi, Trevirensis episcopi, c. an. 707. *Duplex.*

* 14. S. Henrici, imperatoris ac insignis benefactoris Ecclesiæ et diœcesis Argentinensis, an. 1024. *Duplex II classis.*

* 16. S. Fulradi, abbatis S. Dionysii in Gallia, an. 784. *Duplex.*

* 20. S. Margaretæ.... Comm. S. Ansigni, abbatis Fontanellensis....

* 21. S. Arbogasti, XIX episc. Argentin., ac patroni ejusdem diœcesis, an. 678. *Duplex I classis, annuale.*

* 24. Beati Bernardi margravii Badensis (obiit 15 julii 1458). Hoc festum quotannis hac die celebrari jussit Ludovicus Constantinus de Rohan, mandato dato XX junii 1770.

* 25. S. Jacobi.... Comm. translationis S. Cuculatis, martyris Barcinonensis factæ hac die VIII sæculo. Obiit enim 15 feb. 304.

Augustus.

* 4. B. Bennonis, canonici Argentinensis et Metensis Episcopi (obiit 3 Augusti 504). *Duplex.* Comm. S. Sigradæ, viduæ, matris S. Leodegarii (circa finem VII sæculi).

* 13. B. Eberhardi prepositi Argentinensis et abbatis Einsidlensis. (Obiit 14 augusti 957). *Duplex.*

16. S. Rochi.... Comm. S. Arnulphi, Metensis episcopi, a. 641.

* 18. S. Baltrami, abbatis in Colanesberg et Lutrensis. Obiit 15 Augusti 960. *Semiduplex.*

29. Translatio S. Adelphi, Metensis episcopi, facta hac die anni 826. (Obiit 28 aprilis sæculo III).

September.

* 4. SS. Septem monachorum Murbacensium martyrum. an. 926. *Simplex.*

7. S. Ganzelini, episcopi Tullensis, an. 962. *Simplex.*

* 10. Comm. S. Theodardi, episcopi Trajectensis ac martyris in sylva Bivalt in Alsatia, c. ann. 668.

* 13. S. Materni, episcopi Coloniensis et Trevirensis, Alsatiæ Apostoli. (Obiit 13 sept. medio sæculo IV. *Duplex II classis, solemne minus.*

* 16. S. Cypriani.... Comm. sanctarum Eugeniæ, secundæ abbatissæ Hohenburgensis (v. 735), Gundelindis et Eimhildis, abbatissarum Inferioris monasterii, VIII sæculo.

* 18. S. Richardis, imperatricis, virginis, an. 893. *Duplex* majus.

* 25. S. Landelini, martyris in diœcesi Argentinensi. Obiit 21 sept. sæculo VII. *Duplex.*

October.

3. S. Leodegarii, episcopi Augustodunensis et martyris. Obiit 2 octobris 676. *Duplex.*

* 12. Veneratio sanctarum Reliquiarum. *Duplex II classis.* Comm. S. Pantali, episcopi Rauracorum, atque S. Immerii primi abbatis monast. S. Sigismundi, VII sæculo.

13. S. Simberti, episcopi Argentin. et abbatis Murbacensis, an. 809. *Semiduplex.*

* 15 S. Aureliæ, virginis. *Duplex.* Comm. SS. Einbettæ, Vorbettæ et Wilbettæ, virginum Argentoratensium, sodalitii S. Ursulæ, S. Severi, Trevirensis episcopi, v. 460....

16. S. Galli abbatis, v. 625. *Simplex.* Com. S. Lulli, archiepiscopi Moguntini, an. 786.

* 23. Reconciliatio ecclesiæ cathedralis et ejusdem restitutionis cultui Romano catholico facta hac die anno 1681. (Festum instituit Summum Capitulum die 4 octobris 1698: confirmavit eodem anno 18 decembris episcopus Guillelmus de Furstemberg). *Duplex II classis.*

* 26. S. Amandi, primi episcopi Argentinensis, post annum 356. *Duplex I classis, solemne majus.*

* 27. S. Sigisbaldi, Metensis episcopi. Obiit 16 octobr. 741. *Duplex.*

31. S. Wolfgangi, Ratisbonensis episcopi, an. 394. *Semi-Duplex.*

November.

* 3 S. Pirmini, episcopi et abbatis, ann. 754. *Duplex.* Comm. SS. Wilhelmi et Acherici, heremitarum apud Eschery, IX sæculo.

* 6. S. Leonardi, solitarii Lemoviensis, c. an. 539. *Duplex.*

* 7. S. Florentis, XX episcopi Argentinensis, an. 693. *Duplex I class. Solemne minus.*

* 9. Commemoratio et memoria fundatorum et benefactorum Ecclesiæ defunctorum. *Duplex majus.*

* 14. SS. Justi, Maximini, Valentini, Solarii, episcoporum Argentinensium, IV et V sæculo, atque omnium aliorum sanctorum Pontificum ejusdem ecclesiæ. *Duplex II classis.*

* 15. Beati Alberti, Ratisbonensis episcopi, an. 1280. *Simplex.*

16. S. Othmari, abbatis Gallensis, an. 759. *Simplex.*

18. S. Odonis, Cluniacensis abbatis, X sæculo. *Simplex.*

* 27. S. Columbani, abbatis Luxoviensis. Obiit 21 nov. 615. *Semiduplex.*

December.

* 3. S. Attalæ, virginis ac primæ abbatissæ S. Stephani Argentinensis, v. an. 741. *Duplex majus.*

4. S. Barbaræ ...

8. Conceptio Immaculata.... * Com. S. Romarici, monachi in Vosago, an. 653.

* 9. S. Eucharii, primi episcopi Trevirensis. *Duplex majus.* (Obiit 8 decemb. desinente sæculo III).

* 13. S. Odiliæ, virginis, primæ abbatissæ Hohenburgensis et patronæ Alsatiæ, v. an. 720. *Duplex II classis.*

* 16. S. Adelaidis viduæ et imperatricis, an. 999. *Duplex.* Comm. S. Adonis, Viennensis episcopi, an. 875.

* 23. S. Dagoberti II regis Autrasiæ an. 679. *Duplex II classis.*

* 24 ... Comm. S. Irminæ, virginis, filiæ Dagobertis regis, VIII sæculo.

Comment s'empêcher, à la lecture de ces pages, de regretter que les auteurs de notre *Proprium Argentinense* ne se soient pas inspirés davantage des travaux de Grandidier? et combien ce *Proprium* paraît monotone et banal en comparaison de celui dont on vient de lire l'esquisse? et encore le premier prétend-il remplacer pour nous non seulement l'ancien *Propre* de Strasbourg, mais encore celui de Bâle, puisque les deux diocèses sont aujourd'hui réunis. Consolons-nous en espérant que nos arrière-neveux seront plus heureux que nous.

III.

Cette première partie du manuscrit de Grandidier se termine par une *Tabula continens festorum gradus et diversitatem*, la liste des *Bréviaires gallicans* imprimés au XVIIIe siècle, et nous donne, après tous ces préliminaires, le commencement du *Novum breviarium Argentinense* proposé par Grandidier. « *Hæc pars*, dit la table de M. Métrot, *currit ab officio noct. seu matut. diei dominicæ usque ad vesp. feriæ I* ».

C'est ici que nous arrivons aux maladroites interversions de notre manuscrit. Pour trouver la suite du Psautier il faut aller jusqu'au troisième volume où est ce *Residuum psalterium usque ad finem hebdomadæ*.

Le second tome s'ouvre par la première partie du *Propre des Saints*, du 2 septembre au 27 novembre. L'autre partie est placée dans le troisième tome, tout à la fin. Ce même second tome contient le *Proprium de tempore* en entier.

Dans le *Propre des Saints*, beaucoup de particularités intéressantes pourraient être citées. Il faut ici nous borner. Voici seulement l'Oraison des martyrs de Murbach, *ex missali gothico*, dit Grandidier :

Deus fidelium insuperabilis fortitudo qui inter mundanæ conversationis adversa sanctorum tuorum nos glorificatione consolaris, illamque in beatis martyribus Murbacensibus flagravit fortis dilectio benignus in nobis aspira. P. D.

Signalons encore à la fête de la *Réconciliation de la cathédrale de Strasbourg* une pensée touchante : à l'oraison du jour, plus belle que celle d'aujourd'hui, est ajoutée une oraison *pro conversione Lutheranorum.* Un sentiment bien juste de reconnaissance y a fait encore joindre une prière *pro defuncto Ludovico XIV.*

Il faudrait aussi citer les belles hymnes propres, comme celle de saint Amand :

> Per quem vera Dei religio stetit,
> Justis pontificem tollat honoribus.
> Plebs Alsata, sacris nos decet hac die
> Amandum celebrare modis
> etc...., etc....

et celle de sainte Odile :

> Cœlitum consors patriæque vindex
> Prosperum Alsatis jubar, Odilia !
> Signa te nostris decorant morantem
> Splendida terris....
> etc...., etc....

et quatre hymnes propres de S. Arbogaste, alors que le *Propre* d'aujourd'hui n'en a pas une seule, pour ce patron du diocèse : la banalité du progrès moderne a décidément tout envahi !

IV.

Le reste du manuscrit ne contient plus rien qui intéresse particulièrement notre pays. Donnons donc seulement, d'après la table de M. Métrot, les titres de ces différentes parties :

Absolutiones et benedictiones dicendæ in officio nocturno ante lectiones.

Preces dicendæ in feriis Adventus et Quadrag., necnon in Vigil. atque Q. Temp.

Suffragia dicenda in Laudibus.

Preces dicendæ ad horas breves et Vesperas.

Suffragia ad Vesperas. Preces ad Completorium. Antiphonæ de Beata.

Commune Sanctorum.

Solemnitas vel Anniversarium Dedicationis.

Officium Beatæ Mariæ Virginis.

Officium Defunctorum.

Tel est l'ensemble de ce manuscrit de Grandidier.

On jugera qu'il était intéressant à signaler. De plus, si les choses se font comme elles doivent se faire, ce qui n'arrive pas toujours en ce bas monde, ces pages auront leur utilité pratique : le *futur* rédacteur du *futur Propre du diocèse de Strasbourg* voudra sans doute profiter des précieuses indications données par Grandidier, qui, une fois de plus, aura bien mérité de notre Eglise et de notre pays.

APPENDICE

LETTRES

DE M. LE CHANOINE AHLFELD A M. LIBLIN [1]).

1.

Strasbourg, le 23 janvier 1866.

Monsieur,

J'ai fait des recherches pour essayer de découvrir un exemplaire du bréviaire de 1478, je n'en ai obtenu aucun résultat.

1) Dans la correspondance de M. Liblin, soigneusement classée par celui-ci, les lettres de M. Ahlfeld sont accompagnées d'une note dont nous extrayons ceci :

« M. Ahlfeld, ancien curé de Saint-Pierre-le-Vieux à Strasbourg, possédait la copie d'une partie des manuscrits de Grandidier, faite par

J'ai trouvé dans la bibliothèque du Grand Séminaire un bréviaire sur le dos duquel se trouve le millésime de 1489, mais cette date me semble erronée : il me semble peu probable, en effet, qu'une édition du bréviaire faite en 1478 ait été suivie d'une autre dès 1489 J'ai vu dans la même bibliothèque une autre édition qui a paru en 1511 ; là aussi manque le titre.

Il est hors de doute pour moi, Monsieur, que le mot inachevé que vous citez est le mot *mandatum* ; mais le reste??? Je continuerai mes recherches, et, dans tous les cas, j'aurai l'honneur de vous communiquer le résultat soit positif, soit négatif de mes perquisitions.

Je vous remercie avec effusion, Monsieur, des vœux que vous avez la bonté de former pour moi au commencement de cette année-ci. A mon tour je prends la liberté de vous offrir les miens, et je prie Dieu qu'il vous accorde, pendant de longues années, une santé robuste afin que vous puissiez, long-temps encore, vous rendre aussi utile que vous l'avez été jusqu'ici.

Je partage entièrement, Monsieur, votre passion pour Grandidier. C'est en ma qualité de prêtre surtout que je sais apprécier un homme qui a été l'un des ornements du sacerdoce. Avec son inflexible logique, il sait toujours faire une juste distinction entre la religion et ses ministres, et ne rend pas celle-là solidaire des faiblesses et des vices de ceux-ci. La religion, telle que la conço.: Grandidier, est toujours belle, toujours grande; il la dégage de toutes les petitesses qu'on a su y mêler, sous sa plume elle est ce qu'elle doit être : notre force et notre consolation dans les luttes et les angoisses de la vie.

Laissez-moi vous féliciter, Monsieur, de la gloire dont vous vous couvrez en éditant les écrits de cet homme illustre, et du droit que vous avez à la reconnaissance de tous les hommes

son prédécesseur, le chanoine Métrot. Dès que M. Ahlfeld eut appris que M. Liblin avait fait lui-même la copie du premier volume des *Inédits*, il lui offrit gracieusement la communication de la copie de M. Métrot, dont le futur traducteur de l'*Illustrata* de Schœpflin venait de faire passer un chapitre dans un journal de Colmar. L'offre fut accueillie avec reconnaissance et facilita l'édition des six volumes des *Oeuvres historiques inédites....*

M. Ahlfeld visita souvent M. Liblin à la prison de la rue du fil, avant la condamnation par le conseil de guerre et la transportation dans les forteresses de Wesel ».

éclairés, et particulièrement à celle de tous les Alsaciens amis des lumières et du véritable progrès.

Agréez, mon cher Monsieur Liblin, l'expression de mon bien affectueux dévouement.

AHLFELD.

II.

Strasbourg, le 13 juillet 1866.

Monsieur,

Probablement j'arrive beaucoup trop tard pour vous annoncer que le bréviaire de 1478 existe à la bibliothèque publique de Strasbourg. S'il en est temps encore, j'irai transcrire le passage que vous avez trouvé inachevé dans les manuscrits de Grandidier. Comme je ne veux pas abuser de moments aussi précieux que les vôtres, je me borne à vous dire que si, dans la huitaine, je ne suis pas honoré d'un mot de réponse de votre part, je regarderai mon offre comme inutile.

Agréez, Monsieur, l'expression de mon profond respect.

AHLFELD.

III.

Strasbourg, le 18 juillet 1866.

Monsieur,

Voici le titre du bréviaire de 1478 :

Ad mandatum.... [1].

Vous vous plaignez avec raison, Monsieur, du peu d'empressement que met le clergé à se procurer le travail de Grandidier ; je crois trouver le motif de cette abstention dans l'absence des deux premiers volumes qui ne sont entre les mains que de bien peu de personnes. Comme l'ouvrage est nécessairement cher pour des gens dont le revenu est plus ou

---

[1] Nous ne reproduisons pas ici ce titre. M. Ahlfeld était en effet arrivé trop tard, comme on le verra au t. IVᵉ, p. 363 de la publication de M. Liblin.

moins restreint, et comme en même temps il n'est pas entier pour tous ceux qui n'ont pas le bonheur de posséder les deux premiers volumes, tous les ecclésiastiques qui ne se livrent pas à des études historiques approfondies, restent indifférents à l'apparition de ces trésors de science et de vérité dont la vue devrait les transporter.

Vous pensez, Monsieur, que les exaltés des deux camps ne seront contents ni de Grandidier ni de vous. Est-ce que les exaltés sont jamais contents de quelque chose ou de quelqu'un ? Ce sont des gens qui voient tout à travers un prisme, et dont le jugement est faussé par la passion. Pourquoi ne pas avouer que c'est la corruption du clergé qui a amené la Réforme ? L'histoire sera toujours là pour le dire, et la religion ne peut en souffrir qu'aux yeux des sots qui ne savent pas la distinguer de ses ministres. Pourquoi, d'un autre coté, ne pas avouer que les Réformateurs ont fait fausse route, et qu'au lieu de travailler à élaguer les abus, ils ont attaqué la religion elle-même, et se sont laissés aller à des emportements et à des excès qui les ont déshonorés ? Il est malheureux qu'il y ait si peu d'hommes qui aiment la vérité et qui sachent faire, en sa faveur, le sacrifice de leurs idées, de leurs opinions et de leurs passions.

Grandidier me paraît être le type du savant consciencieux et franc, qui ne cherche que la vérité, et qui a le courage de la proclamer lorsqu'il a eu le bonheur de la trouver. Vous êtes, Monsieur, le digne représentant de cet illustre auteur, et vous rendez à la science, à l'Alsace et à la religion un immense service en éditant ses écrits.

Agréez, Monsieur, l'expression de mon respectueux dévouement.

Ahlfeld.

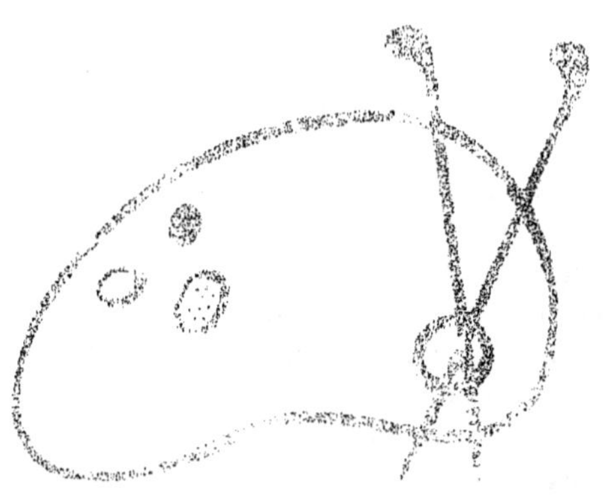

Original en couleur

NI Z 43-129-3

www.ingramcontent.com/pod-product-compliance
Lightning Source LLC
Chambersburg PA
CBHW071435030726
47594CB00006B/2748